Wenn der Schneemann Plätzchen backt

Wenn der Schneemann Plätzchen backt

Geschichten, Rezepte und
Lieder zur Weihnacht

FREIBURG · BASEL · WIEN

Inhalt

Wenn der Schneemann Plätzchen backt 11
Germaine Huy

Vanillekipferl.................................18

Advent 20
Mascha Kaléko

Vorbereitungen auf das Fest 21
Theodor Fontane

Maria durch ein Dornwald ging 28

Wo ist der Stern von Bethlehem?................29
Herman Bang

Der Schneemann...............................40
August Heinrich Hoffmann von Fallersleben

Und immer wieder Weihnachten..................42
Richard von Schaukal

Weihnachtsgans 51

Der Weihnachtsabend des Kellners 54
Erich Kästner

Frau Holle und der treue Eckart 56
Jacob und Wilhelm Grimm

Zu Bethlehem geboren.........................58
Friedrich Spee

„Heiliger Abend" – abgesagt 60
Karl Valentin

Weihnachtsfest in den Yorkshire-Bergen...........64
Georg Weerth

Die drei Spatzen 83
Christian Morgenstern

Pfefferkuchen 84

Bescheidene Frage 86
Paula Dehmel

Schneeflöckchen, Weißröckchen 88

Es gibt keinen Neuschnee 90
Kurt Tucholsky

Textnachweis 94

Es schneit

Es schneit dicke Flocken,
Nicht warm, aber frisch gebacken.
Die setzen sich in meine Dichterlocken,
In meinen Schiebernacken,
Auf meine Smoking-Socken.

Sie machen den Polizisten
Gemütlich zum Weihnachtsmann.
Da legen die Touristen
Ihre Polarausrüstung an.

Wir wollen uns alle zusammentun,
Um den Beschluss zu fassen:
Es dürfen alle Sachsen von nun
An nicht mehr ihr Land verlassen.

Sie querten mit wilder Behaglichkeit
Karlmayisch gedachte Fernen
Und blieben Sachsen. Es wird für sie Zeit,
Sich selbst erst mal kennenzulernen.
Es schneit.

Wenn hundert Leute sich einig sind,
Dann fühlen sich die als Giganten
Und schwafeln vor einem vernünftigen Kind
Wie taube verwunschene Tanten.

Es schneit. Wie in unserer Kinderzeit.
Zum Wintersport eingeladen,
Gehe ich schlafen. Es schneit. Es schneit.
Es schneit für den Landmann Kuhfladen.

Es schneit für die Zukunft Straßendreck.
Auf Gräber schneit's weiße Rosen.
Doch es schneit Erbsensuppe mit Speck
In die Taschen der Arbeitslosen.

Joachim Ringelnatz

Wenn der Schneemann Plätzchen backt

Das mit dem Schneemann war eigentlich völlig anders. Und wenn ihr mich so fragt und wenn ihr es unbedingt ganz genau wissen wollt, dann werde ich euch eben die wirklich wahre Geschichte erzählen. Und die geht so:

Als der Schneemann eines Morgens das Schneebett verließ, in seine Schneehausschuhe stieg und voller Sorgfalt deren Tiefschneeschnürsenkel band – das tat er immer so, denn Sorgfalt ist die Tugend des beständigen Iglus, wie man unter alteingesessenen Schneeleuten zu sagen pflegt –, da freute er sich auf sein mit Kristallhonig bestrichenes Schneebrötchen und eine große Tasse Eistee mit diesen Milchflocken, ihr wisst schon, diesen Milchschmelzflocken, Marke Eisbär, die immer so frostfröhlich auf der Zunge gefrieren. Also nichts wie hin an den wohlig fröstelnden Frühstückstisch, den Schemelschlitten herangezogen, und los geht's! –?

Los geht's? Von wegen!

„Frau", rief der Schneemann, „wo ist mein Frühstück?"

Frostiges Schweigen.

„Mein Frühstück??"

Frostiges Schweigen.

„Mein Frühstück!!!"

„Jetzt puhl dir mal den Schneestaub aus deinen ohnehin nicht vorhandenen Ohren", stöberte die Schneefrau ihn unwirsch an. „Hab ich dir nicht gesagt, dass Weihnachten vor der Eiswand steht?"

Der Schneemann dachte nach. Ja, das könnte sie gesagt haben. Aber was hatte das mit seinem Frühstück zu tun?

„Und hab ich dir nicht gesagt, dass wir dieses Weihnachten endlich einmal richtig feiern wollen?"

Schon möglich, sinnierte der Schneemann, man kann sich ja nicht alles behalten. Aber was sollte das denn jetzt, eigentlich wollte er doch frühstücken...

„Richtig feiern, mit allem, was so dazu gehört?"

Klar doch, wenn sie das unbedingt wollte, warum nicht?

Aber wo waren die Milchschmelzflocken?

„Und?"

Was und?

„Wo sind die Plätzchen?"

Plätzchen?, dachte der Schneemann. „Plätzchen?", murmelte er auch noch, da ihn seine Gattin mit finsteren Kohlenaugen anstarrte.

„Ja, Plätzchen, das ist immer das Allererste, was sich die Wollmännchen in der Weihnachtszeit gönnen. Und wenn du mir gestern Abend zugehört und nicht wieder irgendwelchen kristallzuckrigen Schneeköniginnen nachgeträumt hättest, dann wüsstest du, dass du in der Nacht Plätzchen backen solltest. Und, siehst du hier irgendwelche Plätzchen? Ich sehe keine! Und keine Plätzchen heißt: kein Frühstück."

Frost und Gletscherspalte! Immer diese Wollmännchen. Immer diese Wollmännchen! Er mochte sie nicht, diese Wollmännchen. Sicher, manche behaupteten, dass die

Wollmännchen es waren, die dafür sorgten, dass die Schneeleute nach den angeblichen Phasen der Großen Verflossenheit rechtzeitig zum Wintereinbruch wieder zurück zu ihrer alten Form fanden. Aber was wusste man denn wirklich darüber? Gab es sie denn überhaupt, die Große Verflossenheit?
Der Schneemann glaubte nicht an solches Ammengeröll. Sicher, wenn man nach dem Sommerschlaf aufwachte, dann waren es ausgerechnet die Wollmännchen, die sich in meist allzu unangenehmer Nähe zu den Schneeleuten befanden. Besonders diese zusammengeschmolzenen Exemplare, die ständig quiekten und sich nicht zu benehmen wussten und einem schon mal gern den Kopf vom Rumpf rissen und durch die Gegend schleuderten. Aber genau das sprach doch eher gegen den Glauben an die Große Verflossenheit und die formende Kraft der Wollmännchen, wovon die greisen Gletscheralten gerne rieselten, oder? Nichts als Bruchharsch und Firn von Gestern.
„Kein Frühstück! Und auch keine Schneeknödel zu Mittag! Und abends keine Eiszeit!"
„Noch nicht mal Eiszeit?"
„Nicht der kleinste Silberstaub!"

Das musste ja so kommen! Klar, um die Plätzchen backen zu können, blieb ihm nichts anderes übrig, als bis in die Nacht zu warten, denn erst dann hatten sich die Wollmännchen endlich in ihre Kuscheliglus gerollt. Vorher konnte er nicht an diesen verdammten Lichtkasten ran, in dem die Wollmännchen die Plätzchen buken. Woher er das wusste? Obwohl er, wie ihr jetzt schon wisst, die Wollmännchen nicht sonderlich schätzte, hatte der Schneemann das Brauchtum dieser unruhigen Spezies aufs Genaueste studiert. Er kannte die absonderlichen Eigenheiten dieser Buntwusel, wie er sie für sich nannte, bis ins Letzte, ihre Aufgeregtheit und ihr lawinengleiches Treiben. Kannte ihr ständiges Hin- und Herrennen und ihre unablässigen Lautabsonderungen. Und er wusste also: Nachts war endlich Ruhe. Und er wusste außerdem: Für die Plätzchen musste er an diesen Lichtkasten ran. Und das ging nur in der Nacht.

Ich will euch jetzt gar nicht damit langweilen, wie der Schneemann die Zeit vom ausgefallenen Frühstück bis zum Einbruch der Nacht damit verbrachte, kleine Rentiere, Eisbären und Hasen aus Schnee zu modellieren, ihr kennt das ja zur Genüge. Und falls nicht, könnt ihr es, wenn ihr mal dazu kommt, in meinem Buch „Schneegans auf der Schippe" nachlesen. Ihr findet dort übrigens auch tolle Rezepte, etwa vom pulvrigen Schneewurz, die ihr unbedingt einmal ausprobieren müsst.

Aber zurück zum Schneemann. Kaum hatten sich die Wollmännchen in ihre Iglus verzogen und die kleinen Sonnen gelöscht, da stand der Schneemann schon vor dem Lichtkasten, öffnete den Deckel, nahm das schwarze Schaufelblech heraus, drapierte die Rentiere, Eisbären und Hasen darauf, schob das Schaufelblech zurück in den Lichtkasten, Deckel zu, und drehte das Licht an.

Ihr wollt wissen, wie der Schneemann durch die verschlossene Tür ins Haus und bis an den Lichtkasten gekommen ist? Gar kein Problem, nur eine Frage der thermodynamischen Transmission in Verbindung mit dem passenden Dendritschlüssel. Kombiniert mit Schneepflug, Skier und Schneebrett ist das der reinste Sparziergang übers Eis, man sollte das nicht an die große Flocke hängen.

Nun stand der Schneemann also vor dem Lichtkasten und beobachtete gespannt, wie sich seine Plätzchen entwickelten. Doch anstatt ihre Alabasterfarbe zu verlieren und an Bräune zu gewinnen, wurden die Rentiere, Eisbären und Hasen immer kleiner, bis von ihnen nicht viel mehr übrig war als kleine Pfützen auf dem schwarzen Schaufelblech.

Alle Tauwetter! Das musste der Schneemann genauer inspizieren. Er öffnete also die Tür des Lichtkastens und steckte seinen Kopf hinein. Merkwürdig, dachte er noch. Sehr merkwürdig! Alles fließt... Alles flllll...

Und eine große Dunkelheit umfing ihn.

Als der Schneemann eines Morgens – und er musste sehr lange geschlafen haben – das Schneebett verließ, in seine Schneehausschuhe stieg, deren Tiefschneeschnürsenkel er äußerst sorgfältig band, da freute er sich schon unbändig auf sein mit Kristallhonig bestrichenes Schneebrötchen und eine große Tasse Eistee mit den Milchschmelzflocken, Marke Eisbär, die immer so frostfröhlich auf der Zunge gefrieren. Womit ihn dieser Tag wohl sonst noch überraschen würde?

Germaine Huy

Vanillekipferl

ZUTATEN:

50 g Mandeln
50 g Haselnüsse
280 g Mehl
70 g Zucker
1 Prise Salz
200 g Butter
2 Eigelb
5 Pck. Vanillinzucker
½ Tasse Puderzucker

ZUBEREITUNG

1. Die Mandeln überbrühen, abziehen und fein reiben. Auch die Haselnüsse fein reiben.

2. Das Mehl auf ein Backbrett sieben, Mandeln, Haselnüsse, den Zucker, das Salz, die kalte Butter in Flöckchen und die Eigelbe darüber geben. Alles zu einem Mürbeteig verkneten.

3. Den Teig in Alufolie wickeln und zwei Stunden im Kühlschrank ruhen lassen. Den Backofen auf 190°C vorheizen.

4. Den Teig portionsweise zu bleistiftdicken Röllchen formen. Die Röllchen in 5 cm lange Stücke schneiden und zu Kipferl (Hörnchen) biegen.

5. Auf der mittleren Schiebeleiste in 10 Min. goldgelb backen.

6. Den Vanillinzucker mit dem Puderzucker mischen und die noch warmen Kipferl vorsichtig darin wenden.

Advent

Der Frost haucht zarte Häkelspitzen
Perlmuttergrau ans Scheibenglas.
Da blühn bis an die Fensterritzen
Eisblumen, Sterne, Farn und Gras.

Kristalle schaukeln von den Bäumen,
die letzten Vögel sind entflohn.
Leis fällt der Schnee – in unsern Träumen
weihnachtet es seit gestern schon.

Mascha Kaléko

Vorbereitungen auf das Fest

Mit dem Gänseschlachten fing es an. Eine reguläre Wirtschaftsführung ohne Gänseschlachten konnte nicht wohl gedacht werden. Es handelte sich dabei um mancherlei, zunächst wohl um die Federn zur Herstellung immer neuer Fremdenbetten, vor allem aber auch um die geräucherten Gänsebrüste, die fast so wichtig waren wie die Schinken und Speckseiten im Rauchfang. Waren, kurz vor Martini, die Gänse zu diesem Zweck in genügender Zahl herangetrieben und auf dem Hofe, wo nun ein entsetzliches Schnattern uns eine Woche lang um unsere Nachtruhe brachte, zu letzter Auffütterung eingepfercht, so wurde auch schon der Tag zu Beginn der Festlichkeit festgesetzt. Meist Mitte November. Auf dem Hofe, hart an die Giebelwand des Hauses sich lehnend, befand sich, wie schon erzählt (und zwar sonderbarerweise mit einem Taubenschlage darüber), die Gesindestube, darin außer der Köchin noch zwei Hausmädchen schliefen. Immer vorausgesetzt, dass sie schliefen. Der Kutscher – an Stelle des alten Ehm war längst eine jugendlichere Kraft getreten – sah sich der Hausordnung nach zunächst freilich auf die Häckselkammer neben dem Pferdestall angewiesen, er verzichtete jedoch gern auf die Selbständigkeit dieses ihm zuständigen Aufenthalts und zog es vor, den ohnehin engen Raum der Gesindestube durch seine Gegenwart noch enger zu machen. Alles nach dem Satze: „Raum ist in der kleinsten Hütte etc." War nun aber die Gänseschlachtzeit herangekommen, so bedeutete das eine weitere, sehr erheblich gesteigerte Raumbeschränkung, denn am selbigen Abend, an dem das Massakrieren beginnen sollte, stellte sich zu dem, was für gewöhnlich die Gesindestube beherbergte, auch noch ein Aufgebot alter Weiber ein, vier oder fünf, die sonst als Wasch- oder auch wohl als Jätefrauen ihr Dasein fristeten. Und nun be-

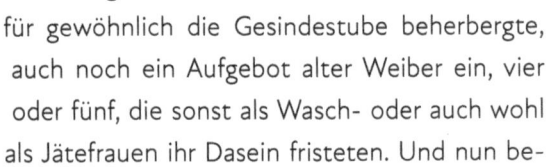

gann das Opferfest. Immer spätabends. Durch die weit offenstehende Tür, geöffnet, weil es sonst vor Stickluft nicht auszuhalten gewesen wäre, schienen die Sterne in den verqualmten und durch ein Talglicht kümmerlich erleuchteten Raum hinein. An dem Talglicht immer ein Dieb. Nächst der Tür aber, in einem Halbkreise, standen die fünf Schlachtpriesterinnen, jede mit einer Gans zwischen den Knien, und sangen, während sie mit einem spitzen Küchenmesser die Schädeldecke des armen Tieres durchbohrten (eine Prozedur, deren Notwendigkeit mir nie klargeworden ist), allerlei Volkslieder, deren Text in einem merkwürdigen Gegensatz sowohl zu dem mörderischen Akt wie zu der Trauermelodie stand. So wenigstens musste man annehmen, denn die Mädchen, die, den Gast aus der Häckselkammer zwischen sich, auf der Bettkante saßen, begleiteten die Volkslieder mit unendlichem Vergnügen, ja, die besonders traurig klingenden Stellen sogar mit Juchzern. Meine beiden Eltern waren sittenstreng, und es war oft die Rede davon, ob diesem frechen Treiben nicht Einhalt zu tun sei; schließlich aber hatte man den Kampf dagegen aufgegeben, und mein Vater, dem es schwante, dass dergleichen schon im Altertume vorgekommen sei, sagte, nachdem er nachgeschlagen: „Es ist eine Wiederholung alter Zustände, römische Saturnalien oder, was dasselbe sagen will, momentane Herrschaft der Dienenden über die sogenannte Herrschaft." Und als er so den Hergang historisch rubriziert hatte, gab er sich zufrieden, umso mehr, als die Mädchen am andern Morgen ihn jedes Mal durch einen ganz besonders sittigen Augenniederschlag erheiterten. Er stellte dann phantastisch ausschweifende Betrachtungen an, als ob „Gil Blas" seine Lieblingslektüre gewesen wäre. Das war aber nicht der Fall, er las vielmehr nur Walter Scott, was ich ihm heute noch danke, denn einige Bröckelchen fielen schon damals für mich ab. „Qentin Durward" zog er allem vor, vielleicht weil es ein französischer Stoff war. Ich habe hier übrigens noch hinzuzufügen, dass die Schrecknisse dieser Gänseschlachtepoche mit der eigentlichen Schlachtnacht und den Trauermelodien keineswegs abgetan waren, sondern sich durch mindestens eine halbe Woche hin noch weiter fortsetzten. Diese Schlachtzeit war nämlich zugleich auch die Zeit, wo das aus Gänseblut zubereitete „Schwarzsauer" tagtäglich auf unseren Tisch kam, ein Gericht, das nach pommerscher Anschauung alles andre aus dem Felde schlägt. Auch mein Vater hielt

es für seine Pflicht, sich dieser landestümlichen Anschauung anzuschließen, und sagte, wenn die dampfende Riesenschüssel erschien: „Ah, das ist recht; davon esst nur; das ist die schwarze Suppe der Spartaner; alles Saft und Kraft." Er selber aber suchte sich geradeso wie wir das Backobst und die Mandelklöße heraus und überließ die Kraftbrühe der Gesindeschaft draußen und vor allem den Schlacht- und Klageweibern, die sich durch ihre Bohrversuche den gegründetsten Anspruch darauf erworben hatten.

Etwa vierzehn Tage später folgte dann das Schweineschlachten. Meine Stellung dazu war noch genau dieselbe wie zu der Zeit, wo ich, kaum siebenjährig, aus der Stadt hinaus auf Alt-Ruppin zu geflohen war, um sowohl dem Anblick wie der ganzen Skala ohr- und herzzerreißender Töne zu entgehen; aber ich war doch inzwischen aus den Kinderjahren in die Jungensjahre hineingewachsen, wo man wohl oder übel seine Ehre darin setzt, alles mannhaft mit durchzumachen, auch wenn sich die eigenste Natur dagegen auflehnt. Dass die Aussicht auf „Reiswurst mit Rosinen" bei Durchführung dieser Tapferkeitskomödie mitgewirkt hätte, kann ich nicht sagen, denn sosehr ich sonst für gute Bissen war, so war ich doch in den der Weihnachtszeit voraufgehenden Wochen immer halb krank von dem unausgesetzt das Haus durchziehenden Fettrasen. Jedenfalls konnte von gutem Appetit um ebendiese Zeit (trotzdem sich's da gerade verlohnt hätte) nie recht die Rede sein, besonders dann nicht, wenn um Anfang Dezember, wie fast regelmäßig geschah, auch noch ein Hirsch von der Oberförsterei her eingeliefert war, der nun – aufgebrochen wie man ein Rind aufbricht – an die Giebelwand des Gesindehauses gehängt wurde. Tag um Tag trat dann die Köchin an das schreckliche Giebelornament heran und schälte erst den Ziemer und dann die Vorder- und Hinterschlegel heraus, so dass wir immer aufatmeten, wenn es mit dieser Wildherrlichkeit wieder vorbei war.

Unter einem glücklicheren Stern stand die Backwoche, wo mit Pfeffer- und Zuckernüssen begonnen und mit Brezeln, Kranz- und Blechkuchen aufgehört wurde. Wir durften nicht nur mit in die Backstube hinein, darin es überaus anheimelnd nach bitteren Mandeln und geriebener Zitrone roch, sondern erhielten auch, als Weihnachtsvorschmack, eigens für uns Kinder gebackene kleine Wecken, alles reichlich zugemessen. „Ich weiß", sagte meine Mutter, „dass sie sich den Magen daran verderben, aber das ist besser, wie wenn sie knapp gehalten werden. Sie sollen all diese Zeit über eine Festfreude haben, und die bringt ihnen ein Festkuchen am besten bei." Es hat was für sich, und bei ganz robusten Kindern mag es das unbedingt Richtige sein. Aber so robust waren wir doch nicht, dass es für uns so ohne weiteres gepasst hätte. Mir war denn auch um Weihnachten herum immer sehr weinerlich zumute.

Theodor Fontane

Maria durch ein Dornwald ging

Maria durch ein Dornwald ging,
Kyrie eleison.
Maria durch ein Dornwald ging,
der hat in sieben Jahrn kein Laub getragen.
Jesus und Maria.

Was trug Maria unter ihrem Herzen?
Kyrie eleison.
Ein kleines Kindlein ohne Schmerzen,
das trug Maria unter ihrem Herzen.
Jesus und Maria.

Da haben die Dornen Rosen getragen,
Kyrie eleison.
Als das Kindlein durch den Wald getragen,
da haben die Dornen Rosen getragen.
Jesus und Maria.

Wo ist der Stern von Bethlehem?

Mutters größter Tag aber war der Tag vor dem Heiligen Abend.
Denn das war der Tag der Armen.
Vom frühen Morgen an – und es war sicher der einzige Tag im Jahre, an dem sie so früh aufstand – hatte die Mutter Reis in Beutel getan und Kaffeebohnen in Tüten und Kandiszucker danebengelegt.
Auf dem Tisch stand eine Waage, und Tine wog ab.
Recht musste sein und in jedem Beutel gleich viel.
Die Mutter aber schüttete hinzu, und ihr war es nie genug.
„Lieber Gott", sagte sie, „als ob mehr als einmal im Jahr Weihnachten wäre."
Wenn alle Beutel gefüllt waren, gab es keine Kaffeebohnen und keinen Zucker mehr im Hause.

„Denn wir nehmen von unserm eigenen", sagte die Mutter, wenn es knapp war.

Am Nachmittag kamen dann die Tagelöhnerfrauen angesockt. Es war gleichsam, als schlichen sie sich am Hause entlang. Und sie stellten ihre Holzpantoffeln in eine Reihe auf den Flur und traten auf schwarzen Socken in die Wohnstube, sprachen kein Wort, sondern bekamen nur ihr Teil und reichten mit einem „Schön Dank" ihre schlaffe Hand hin.

Die Mutter aber hatte genug mit Fragen zu tun: Die hatte dies nötig und die andere das.

Wenn die Tagelöhnerfrauen glücklich fort waren, gab es im Kinderzimmer keinen überflüssigen Lappen mehr.

„Tinchen", sagte die Mutter, „wir werden schon etwas wiederkriegen."

Sie sank in einen Lehnstuhl nieder, ließ alle Fenster weit öffnen und mit Eau de Cologne sprengen.

„Denn, Kinderchen", sagte sie, „die Reinlichsten stinken nach grüner Seife."

Der Vater befahl dem Stubenmädchen, alle Türklinken abzuwischen.

... Am andern Tage wurden die Weihnachtstische zurechtgemacht. Das war eine mühsame Sache, und die Mutter brauchte viel Zeit dazu. Denn jeder sollte gleich viel haben. Den ganzen Tag ging die Mutter umher und maß und schätzte mit den Augen ab; wenn auf einem Tisch zu wenig war, so stahl sie eine Kleinigkeit von einem andern.

Der Baum wurde angezündet. Tine stand auf einer Leiter, während sie ihn anzündete. Nur Silber und Silber und lauter weiße Kerzen. Die Mutter ging rund um den Baum herum. „Da ist noch eins", sagte sie. Und sie deutete auf ein unangezündetes Licht. Sie konnte nie Licht genug bekommen, und sie setzte die Kerzen viel zu dicht auf die Zweige.

„Aber wir stecken den Baum an", sagte Tine von der Leiter herab. Ein Jahr hatten sie wirklich den Weihnachtsbaum in Brand gesetzt. In einem Moment brannte es hell auf, während all das Silber flammte und verkohlte und die Mutter zusah, den Feuerschein auf dem Gesicht. „Wie schön, wie schön", sagte sie. Da fingen die Zweige Feuer. „Hier wird Feuer", rief die Mutter.

„Ja, freilich", sagte Tine, die auf den Korridor hinausstürzte und zwei wollene Tücher holte, die sie über den brennenden Baum warf. Die Mutter aber stellte mehrere Arm-

leuchter auf alle Tische, und die Kinder mussten um den verkohlten Baum tanzen. „Stella", sagte der Vater, „wie unvorsichtig du bist."

Mutters Augen blitzten plötzlich auf. „Fritz", sagte sie und hob den Kopf, als sähe sie den schönen, flammenden Baum noch vor sich: „Fritz, es war so schön!"...

... „Da ist noch eins." Dann war keins mehr da. Alle Lichte zwischen dem glitzernden Silber waren angezündet. Die Mutter stand schweigend im Glanz des Baumes.

„Das ist unser dreizehntes Weihnachten hier", sagte sie, und ihre Stimme klang plötzlich matt. „Aber die Tische, Tine", sagte sie und wechselte den Ton, während sie schnell und gründlich über die weißen Tischtücher hinblickte. „Für Lars, den Großknecht, ist nicht genug da." Sie stand grübelnd vor dem Tisch des Großknechts. „Aber was soll man für Lars auch finden, Tine?" Plötzlich nickte sie mit dem Kopf. „Tine", sagte sie, „laufen Sie zu Fritz hinein. Wir stehlen zehn Zigarren."

Tine schlich in des Vaters Zimmer hinein. „Dürfen wir kommen?", riefen die Kinder in der Wohnstube.

„Gleich", sagte Tine und machte die Tür hinter sich zu. Sie hatte die Zigarren in Sicherheit gebracht.

„Gott sei Dank", sagte die Mutter und seufzte, als sei sie von einer Last befreit. „Nun binden wir sie mit einem roten Band zusammen", sagte sie.

„Ich habe kein Band", sagte Tine.

Die Mutter sah sich um, auf allen Tischen. „Wir nehmen eine Schleife von Fräulein Jespersens Fischü." Das Fischü war ein Geschenk für Mutter von Fräulein Helene Jespersen. Es war mit vielen kleinen rosa Schleifen besetzt.

„Ja", sagte die Mutter, während Tine das Band abtrennte, „es sind auch zu viele Schleifen auf Fräulein Jespersens Fischü." Das rosarote Bandende wurde um die Zigarren geknotet. „So, jetzt machen wir auf", sagte die Mutter. Sie öffnete selbst die Tür, und die Kinder stürmten herein. „Fröhliche Weihnachten", sagte die Mutter. Sie stand mitten auf der Schwelle.

„Wo ist mein Tisch?"

„Wo ist mein Tisch?"

„Wo ist meiner?", riefen die Kinder im Chor. „Da, da", sagte die Mutter. Ihr Gesicht strahlte. Die Kinder scharten sich mit hochgereckten Händen um sie.

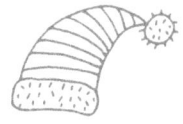

„Mutter, Mutter", riefen sie, „jetzt das vom Baum – jetzt das vom Baum."

„Ja." Die letzten Geschenke lagen, in viel Papier eingewickelt, unter dem Weihnachtsbaum. Die Mutter kroch auf dem Fußboden umher, holte sie hervor und sammelte die Pakete in ihrem Schoß. Jetzt hatte sie alle, und sie stand mitten zwischen den Kindern auf.

„Jetzt, jetzt", riefen die Kinder.

„Ja." Und sie warf sie wie wahllos zu den emporgereckten Händen der Kinder hinunter: „für dich", und „für dich", und „für dich", rief sie, während die Kinder jubelten.

Der Vater war in die offene Tür getreten. An den Türrahmen gelehnt, stand er schweigend da und betrachtete die Mutter und seine Kinder. Und hastig, während ein Schimmer von Zärtlichkeit – oder vielleicht nur von Bewunderung – einen Moment in seinen Augen aufblitzte, ging er auf die Mutter zu. „Du Geberin", flüsterte er. Die Mutter schlug die Augen nieder, dass es fast aussah, als schlösse sie sie eine Sekunde. „Du gibst, Fritz", sagte sie.

Der Vater glitt beiseite. „Aber jetzt müssen die Leute herein, Tine", sagte die Mutter. Sie hatten sich schon auf dem Korridor versammelt. Die Mägde waren auf Socken, und die Knechte hatten Stiefel an. „So, Kinder", sagte die Mutter und machte die Tür auf, „jetzt ist Weihnachtsabend." Sie kamen alle herein, einer nach dem andern, sehr langsam, mit einem wunderlichen Sprung über die Türschwelle, als setzten sie über eine Barrikade. Und Gesichter machten sie, als gingen sie zum Altar. Zuletzt kam Jens, der Kuhhirt. Er hatte eine gestreifte Weste über traurig hängenden Hosen an. Sie bekamen die Geschenke und bedankten sich – was sie sagten, hat nie ein Mensch gehört – und trugen die Dinge in die Ecke, als wollten sie sie in Sicherheit bringen; dabei schielten sie nach den Geschenken der anderen hin.

„So, Jens", sagte die Mutter, „jetzt wollen wir tanzen." Es wurde eine Kette gebildet. Den Anfang machte sie selbst mit Jens, dann kamen die Kinder mit den Mägden und Knechten.

„Den Kreis schließen", rief sie Tine zu und sie setzte sich in Bewegung. Langsam zog der Kreis um den Baum, während die Mutter mit ihrer etwas zitternden Stimme zu singen anfing.

„Schön ist die Erde,
Prächtig ist Gottes Himmel,
Schön ist der Seelen Pilgrimsgang.
Hin durch die holden
Reiche der Erde
Gehn wir zum Paradies mit Gesang."

Nach und nach fielen alle ein, während Mutters Stimme lauter wurde und sie langsam weiter um den Baum wanderten. Alle Gesichter waren nach oben gewandt, zum Licht des Weihnachtsbaumes. Vom anderen Zimmer aus dem Halbdunkel fiel plötzlich Vaters Stimme ein, so merkwürdig tief, wie von weit her. Die Mutter war beim Klang seiner Stimme stehen geblieben. Dann ging sie wieder weiter, immer in das Licht des Baumes starrend.

„Durch die holden
Reiche der Erde
Ziehn wir zum Paradies mit Gesang."

Der Gesang erstarb.

„Singe jetzt allein, Mutter", sagte der älteste Junge.

„Ja, gnädige Frau, singen Sie allein", sagte die Männer-Marie, die die ganze Zeit bitterlich weinte, ohne es zu wissen.

„Ja", sagte die Mutter. Und ohne ihre Augen vom Licht des Baumes fortzuwenden, sang sie halblaut – sie allein –, während sie alle noch langsamer gingen:

Freude hat heute auf Erden
Der Himmelskönig gebracht.
Da wird der Ärmsten werden
Zur Weihnachtsfreud gedacht.

Nun tanze, Kind, auf Mutters Schoß,
Ein Freudentag erstand,
Jetzt führt in seiner Gnade groß
Der Heiland uns an der Hand.

Es war einen Augenblick still, und alle waren stehen geblieben. „Nun spielen wir", sagte die Mutter. Und sie setzte Jens, den Kuhhirten, in Galopp, dass alle folgen mussten, während sie sang, und die Kinder fielen ein: „Um den Baum, da wird gesungen, und ein froher Reihn geschwungen."
„Du meine Güte", sagte die Mutter, „singt der Bengel falsch." Der Älteste brüllte nur so zum Baum hinauf. Der Kleinste in der Kette fiel. „Auf", sagte Tine. Aber der

Kleinste weinte. „Tanzt nur weiter", sagte die Mutter, und sie setzte sich und nahm den Kleinsten auf den Schoß.
Die Lichter brannten herab, und sie hörten auf zu tanzen. Die Leute trabten davon, und Tine fing an, die Kleinsten zu Bett zu bringen. Die Mutter saß noch immer auf demselben Fleck. Auf dem Fußboden, den Kopf an ihren Knien, lag der älteste Junge, während die Kerzen verlöschten, eine nach der andern, und der Glanz des Silbers matt wurde. „Mutter", sagte er, „jetzt stirbt der Weihnachtsbaum."
„Ja, mein Junge", sagte die Mutter, und ihre schöne Hand fiel von seinem Haar in ihren Schoß. „Jetzt stirbt er."
Tine kam zurück. Noch brannten die letzten Lichte. „Bring ihn zu Bett", sagte die Mutter. „Schlaf wohl", sagte sie, und sie küsste den Jungen auf die Stirn. „Gute Nacht, Mutter."
Die Mutter saß allein.
Die letzten Lichte flackten auf und erloschen. Der Baum war dunkel. Durch die Zimmer hörte man den Schritt des Vaters.
„Sind Sie hier, gnädige Frau?", sagte Tine, die zurückkam.
„Ich sitze hier."
Sie schwiegen einen Augenblick. Dann sagte die Mutter: „Tine, nehmen Sie die Doppeltür fort." Tine tat es. „Und

machen Sie auf", sagte die Mutter. Sie war aufgestanden und hatte sich einen Schal um die Schultern gelegt. Still trat sie hinaus auf die schneebedeckte Gartentreppe. Tine folgte ihr. Vor ihnen lag der Garten weiß und stumm. Die Mutter stand lange mit aufwärts gewandtem Gesicht und starrte zu den Sternen hinauf.

„Gnädige Frau", sagte Tine, „wo ist der Stern von Bethlehem?"

Die Mutter antwortete nicht. Vielleicht hatte sie es nicht gehört. „Sehn Sie die Venus, Tine?", sagte sie dann. Und wieder standen sie schweigend da. Man hörte keinen Laut in dem weißen Garten. Die stillen Felder schliefen. Stumm wanderten die Sterne über ihnen.

Herman Bang

Der Schneemann

Seht, da steht er, unser Schneemann!
Das ist ein Geselle!
Stehet fest und unverzagt,
Weicht nicht von der Stelle.

Schaut ihm in die schwarzen Augen!
Wird euch denn nicht bange?
In der linken Hand da hat er
Eine lange Stange.

Einen großen Säbel hält er
Fest in seiner Rechten.
Kommt heran! Er wird sich wehren,
Wird mit allen fechten.

Über ihn kann nur der Frühling
Einen Sieg gewinnen:
Blickt ihn der nur an von ferne,
Wird er gleich zerrinnen.

Aber halt dich tapfer, Schneemann!
Lass dir offenbaren:
Stehst du morgen noch, so wollen
Wir dich Schlitten fahren.

August Heinrich Hoffmann von Fallersleben

Und immer wieder Weihnachten

Der erste Weihnachtsabend, an den ich mich erinnere, erstrahlt im Glanz einer Ritterrüstung. Sie war zwar nur aus Pappe – noch klingt mir das Klappen der Schenkelstücke, in die der Brustharnisch endigte, in den Ohren des Herzens –, aber kein Bayard mag sie stolzer getragen haben als der kleine Recke, den sie überm Alltagsgewand bekleidete. Der unzulängliche Schein, in den ich mich hüllte – Glauben macht selig, vor allem der Glaube an das, was man vorstellt –, ging, allen Zweifel überwindend, von mir aus in die Welt, die ich mir erschuf. Zumal wenn am Helm (der meinem Kopf zu eng war und an einer Stelle empfindlich drückte) das Visier, das nur bis an die Unterlippe reichte, herabgelassen war... Die Rüstung fand ihren Standplatz hinterm weißen Kachelofen im „Salon". Durch die zwei Öffnungen, die seinen Oberteil gestuft durchbrachen, konnte man ihren mattsilbernen Schimmer erblicken. Um sie herauszukriegen, musste man angestrengt hinter den hart in die Ecke gesetzten starren Körper des Ofens greifen. Hierbei kam die Wange in Berührung mit der glasigen Fläche. Merkwürdig: Auch das trug zum Wunder dieses Besitztums bei.

Ein blauer Mantel mit Silberborten, die seltsam kratzten, war zur Vervollständigung der ritterlichen Erscheinung von Großmutter angefertigt worden (in früheren Jahren hatte sie mit ebensolchen, kreuzweise angebrachten Silberborten immer wieder blaue und rote Ulanenkappen – ein Stück Pappendeckel in eine Mütze eingenäht – geschmückt): Er umwallte, etwas zu kurz geraten, den Heldenleib nur bis über die Hüften.

Jener erste denkwürdige Weihnachtsabend fand bei Tante Laura statt, Mamas Schwester, die sich, dadurch in der Familie ausgezeichnet, über die Wohlhabenheit der meisten andern des Kreises hinausragenden Reichtums erfreute. Ihre Wohnung bestand aus sieben Zimmern im ersten, mit einem Balkon versehenen Stockwerk des eigenen stattlichen Hauses am bäumebepflanzten „Ring" und war mit dem damals üblichen altdeutschen Geräte schwerfällig-prunkvoll bestellt.

Der große dreifenstrige Salon – es gab auch, Gipfel der Vornehmheit, einen kleinen, in den Besucher geringeren Ranges geführt wurden – bot dem bis an die Decke reichenden Christbaum einen spiegelnden Zauberrahmen. Dort an einem Ständer hatte die unvergessliche Rüstung gehangen.

Aber es waren diesem schon andere Weihnachtsabende vorangegangen, von denen mir freilich nur die Hauptgeschenke, nicht ihre Darstellung am Feste selbst im Gedächtnis haften geblieben sind. Der ergiebigste Spender war Großonkel Christian, ein freundlich-polternder Lebemann, den ich mir ohne seinen Vöslauer Rotwein „wie Burgunder" (auf dem papiernen Schildchen waren Trauben abgebildet) nicht vorstellen kann. Er war dazu ausersehen, die „großen Wünsche" zu erfüllen, und entledigte sich dieser kostspieligen Verpflichtung als einer ehrenvollen Aufgabe gern und ohne Markten. Von ihm stammt unter anderen dauerhaften Gaben die geschnitzte türmige Schweizer Kapellenstanduhr, seit jeher „der Kapuziner" genannt, die, während ich dies schreibe, vor meinen zu ihr aufblickenden Augen tickt: Sie hat ein Läutwerk, an dessen vorgeblichem Strang (es bimmelt noch ein Turmglöckchen mit) bei aufspringendem Türchen ein Einsiedler sich betätigt. Das große Kaleidoskop – Gide hat es genau in seinen Kindheitserinnerungen beschrieben – ist trotz jahrelanger Schonung ebenso den Weg des Zerbrechlichen gegangen wie die – hinwiederum von Proust auf das anschaulichste verewigte – Laterna magica, die unzählige Kindergesellschaften in unserm Vorzimmer entzückt hat, wenn sie auf einem über den riesigen Kleiderschrank verbreiteten Leintuch ihr buntes Innenleben petroleumdampfend und mit brenzligem Lackgeruch zur staunenswerten Erscheinung brachte (immer wieder sind wir, wenn eine freundliche Lieblingsgestalt, „der Würstelmann", auftauchte, lärmend auf ihn zugestürzt und haben den farbigen Widerschein mit Wonnegruseln auf Händen und Kleidern aufgefangen). Ein Geschenk des wackern Alten aber – Gott hab ihn selig, der zu geben verstanden hat und sich an unserer Freude freute! – hat sich, wenn auch nicht wie „der Kapuziner" als Gebrauchsgegenstand, als eine einigermaßen versehrte Reliquie erhalten: „Attila", der Schaukelpferd-Schimmel, der dem „Lellerle" – so hieß ich laut eigener Bezeichnung im ersten Jahr meines Daseins –, als er noch kaum gehen konnte, einbeschert worden war.

Ein tüchtiges Ross, fest gebaut – es sind schon zwei Geschlechter seitdem darauf geritten – und vom sorglichen Spender, einem Lederriemenerzeuger, mit einem „wirklichen" Sattel auf die Dauer ausgestattet. Guter Grauschimmel „Attila", hast du deinem dickbeinigen Reiterlein die Liebe zu den Pferden eingeflößt, die ihn sein ganzes Leben lang nicht verlassen hat, hast du ihn, der heute wie damals, doch aus andern Gründen, auf seinen langen, dünnen Stelzen nicht gehen kann, zu Pferd aber, ist er erst einmal hinaufgelangt, sich wieder jung fühlt, ein für alle Mal zum Reiter geweiht, oder hat Urgroßvaters Reiterblut im lallenden Enkel dich als das hölzerne Sinnbild seines Schicksals begrüßt?

Gehört doch auch ihr als unvergängliche Zeugen zu den verschollensten, aber unsterblichen, meiner Weihnachtsabende, Rotschimmel Tante Lauras, die ihr, in die Einfahrt stampfend, wenn am Christbaum längst alle Kerzen abgebrannt waren, unsere unersättliche Festfreude an den Aufbruch mahntet: Der Wagen war an der Treppe vorgefahren, der uns, beladen mit den bereits heißgeliebten Schätzen, die uns zugefallen waren, nach Hause bringen sollte.

Nach Hause. Das alte Haus, das, in der engsten der engen Gassen gelegen, mir mehr als dreißig Jahre lang die Heimat bedeutet hatte, ist von der Erde verschwunden, der Erde, die alle, alle Gefährten meiner Kinderzeiten birgt; auch die alte Stadt, in der es, wohnlich und warm, wie keines mehr seither mich aufgenommen hat, im Schutz der benachbarten Kirche gestanden hatte, ist mir, dem dort nur noch Gräber bleiben, als „Ausland" entfremdet, aber Haus und Stadt leben in meiner Seele das weitaus beständigere Leben dankbarer Erinnerung, und die Kette der wunderbaren Weihnachtsabende, die sie mir geschenkt haben, hält unzerreißbar.

Alle späteren Christbäume nämlich nach jenem, der von der Silberpappe der Ritterrüstung widerscheint, haben in dem alten Hause geleuchtet, in dem ich erwachsen bin. Sie tragen alle das nämliche freundliche Angesicht, sind alle in das nämliche dämmrige Behagen eingehüllt, das von dieser tiefen, niedrigen, düstern Wohnung ausging. O du stets verschatteter „grüner" Salon; wie haben in dir die Kerzen am Tannenbaum, der immer voll von blitzendem Gesträhne hing, aufgestrahlt, wenn wir zwei Kinder, von den vielen „Großen" gefolgt, zögernd über deine altmodische

Schwelle die Füße setzten! Wie hat die blecherne Muttergotteskapelle, die ein Kripplein barg, geheimnisvoll aus den dichten Zweigen gefunkelt! Wie haben wir Jahr für Jahr jubelnd die zwei vertrauten Fische begrüßt, die wie Schiffe am Baume baumelten, den dicken gebräunten Karpfen und den schlanken Hecht, die mit kleinen zuckerkügelchenbestreuten Schokoladeplättchen gefüllt waren und von denen der Karpfen auf dem Bauch eine an ihrem Gummibändchen wie ein Schuss zuknallende Klappe besaß, während man in den Hecht durch eine seine gerade Nackenlinie zerstörende Drehung des Kopfes gelangte!

Die Zweige des Christbaumes, dessen besternte Spitze sich an der niedrigen Decke spießte und krümmte, langten mit weihevoller Milde über den weißgedeckten Gabentisch für die Kinder. Großmutter fand sich mit der undankbaren Rolle ab, das „Praktische" zu liefern, die Handschuhe und die Taschentücher, die Strümpfe und die Halsbinden. Die Onkel und Tanten hatten stets „Erkundigungen" eingezogen, und es war ihnen je im Rahmen ihrer Gewährensgepflogenheit dieser und jener Wunsch zur Erfüllung zugewiesen worden. Aber von Mama, die schon wochenlang vorher in „Besorgungen" auf- und ausgegangen war – verheißende Packen und Päckchen häuften sich allgemach in der sogenannten „Speise", einer hochhinaufreichenden Fächerfolge zwischen den unbenutzten Doppeltüren, die den zweiten Ausgang aus dem „Salon" bildeten –, von Mama rührten die Hauptstücke her. Sie hatte das ganze Jahr hindurch, mit sorglicher Übersicht ihre Ausgaben einteilend, auf diesen einen Abend gespart. (Denn nicht nur wir Kinder waren zu beteilen, sondern, außer den sämtlichen Mitgliedern der zahlreichen Familie, auch eine Menge von Anhängern und Kostgängern, von den „Sandmädeln" über die Wäscherinnen und Näherinnen bis zu den Dienstboten, eigenen und „verwandten".)

Wohin ist das alles versunken? Nicht die Geschenke mein' ich, die, bis auf die Bücher (ich könnte an ihnen die Jahre herzählen), verbraucht und vertan sind, sondern diese ganze, durch Zuneigung, Vertrauen und Achtung, Lichter, Duft und Wärme zusammengehaltene, sich aus sich selbst stetig erneuernde Einheit, die plötzlich einmal – man kommt aus dem Haus, kehrt als ersehnter Gast wieder dahin zurück, erneuert das sich erneuernde Alte; es ist aber nicht mehr dasselbe – abreißt, zusammenschrumpft, ausgeht...

Dann hab ich wieder Weihnachten erlebt, eines nach dem andern, und wieder ist eine Einheit, eine andre zusammengewachsen, die von Jahr zu Jahr banger, schwebender, mehr und mehr unwirklich, traumhaft geworden ist, in die sich für mich, den Alternden gegenüber den erwachsenden Kindern, allerlei ihnen Fremdes eingeschlichen hat aus meinen jungen Tagen, Nebelwerk, geisterndes, der Erinnerung. Die auf den schweigenden Zweigen verglimmenden Kerzen sprechen mir eine Sprache, die niemand sonst versteht, sprechen sie in den Kinderlauten aus meinem Totenreich.

Richard von Schaukal

Weihnachtsgans

ZUTATEN:

200 g Weißbrot
250 ml Milch
2 Eier
Salz und Pfeffer
etwas Petersilie
200 g Äpfel
1 Gans, küchenfertig, ca. 4 kg

1 Zwiebel
1 TL Tomatenmark
800 ml Geflügelfond
2 EL Speisestärke
etwas Majoran
500 ml Wasser

ZUBEREITUNG:

1. Brot würfeln und mit Milch und Eiern vermischen und nach Belieben würzen. Kräuter hacken und die Äpfel würfeln.

2. Die Innereien und das Fett aus der Gans entnehmen. Die Leber, wenn gewünscht, würfeln.

3. Gewürfeltes Brot, Milch, Eier, Leber, Äpfel und Kräuter miteinander vermengen. Die Gans würzen, mit der vermengten Masse füllen und mit Zahnstochern verschließen.

4. Die Gans in eine Fettpfanne legen. Die übrigen Innereien um die Gans herum verteilen und 500 ml Wasser zugießen.

5. Nun die Gans ca. 2,5 bis 3 Std. bei 180°C im vorgeheizten Ofen braten. Dabei immer wieder mit Bratfett übergießen.

6. Nach Ende der Bratzeit die Innereien herausnehmen. Die Zwiebel klein würfeln und in einem Topf in etwas Gänsefett gläsern anbraten. Tomatenmark darin anrühren und anschließend mit dem Geflügelfond ablöschen. Die Innereien dazugeben und ca. 35 Minuten köcheln. Den Fond durch ein Sieb schütten und nach Bedarf binden.

7. Nach Geschmack nachwürzen. Nun können Sie die Gans servieren. Als Beilage Rotkohl.

Der Weihnachtsabend des Kellners

Aller Welt dreht er den Rücken,
und sein Blick geht zu Protest.
Und dann murmelt er beim Bücken:
„Ach, du liebes Weihnachtsfest!"

Im Lokal sind nur zwei Kunden.
(Fröhlich sehn die auch nicht aus.)
Und der Kellner zählt die Stunden.
Doch er darf noch nicht nach Haus.

Denn vielleicht kommt doch noch einer,
welcher keinen Christbaum hat,
und allein ist wie sonst keiner
in der feierlichen Stadt. –

Dann schon lieber Kellner bleiben
und zur Nacht nach Hause gehn,
als jetzt durch die Straßen treiben
und vor fremden Fenstern stehn!

Erich Kästner

Frau Holle und der treue Eckart

In Thüringen liegt ein Dorf namens Schwarza, da zog Weihnachten Frau Holle vorüber und vorn im Haufen ging der treue Eckart und warnte die begegneten Leute aus dem Wege zu weichen, dass ihnen kein Leid widerfahre. Ein Paar Bauernknaben hatten gerade Bier in der Schenke geholt, das sie nach Haus tragen wollten, als der Zug erschien, dem sie zusahen. Die Gespenster nahmen aber die ganze breite Straße ein, da wichen die Dorfjungen mit ihren Kannen abseits in eine Ecke; bald nahten sich unterschiedene Weiber aus der Rotte, nahmen die Kannen und tranken. Die Knaben schwiegen aus Furcht stille, wussten doch nicht, wie sie ihnen zu Haus tun sollten, wenn sie mit leeren Krügen kommen würden. Endlich trat der treue Eckart herbei und sagte: „Das riet euch Gott, dass ihr kein Wörtchen gesprochen habt, sonst wären euch eure Hälse umgedreht worden; gehet nun flugs heim und sagt keinem Menschen etwas von der Geschichte, so werden eure Kannen immer voll Bier sein und wird ihnen nie gebrechen." Dieses taten die Knaben und es war so, die Kannen wurden niemals leer, und drei Tage nahmen sie das Wort in Acht. Endlich aber konnten sie's nicht länger bergen, sondern erzählten aus Vorwitz ihren Eltern den Verlauf der Sache, da war es aus und die Krüglein versiegten. Andere sagen, es sei dies nicht eben zu Weihnacht geschehen, sondern auf eine andre Zeit.

Jacob und Wilhelm Grimm

Zu Bethlehem geboren

Zu Bethlehem geboren
ist uns ein Kindelein.
Das hab ich auserkoren,
sein Eigen will ich sein.
Eia, eia, sein Eigen will ich sein.

In seine Lieb versenken
will ich mich ganz hinab;
mein Herz will ich ihm schenken
und alles, was ich hab.
Eia, eia, und alles, was ich hab.

O Kindelein, von Herzen
dich will ich lieben sehr
in Freuden und in Schmerzen,
je länger mehr und mehr.
Eia, eia, je länger mehr und mehr.

Dich wahren Gott ich finde
in meinem Fleisch und Blut;
darum ich fest mich binde
an dich, mein höchstes Gut.
Eia, eia, an dich, mein höchstes Gut.

Dazu dein Gnad mir gebe,
bitt ich aus Herzensgrund,
dass dir allein ich lebe
jetzt und zu aller Stund.
Eia, eia, jetzt und zu aller Stund.

Lass mich von dir nicht scheiden,
knüpf zu, knüpf zu das Band
der Liebe zwischen beiden,
nimm hin mein Herz zum Pfand.
Eia, eia, nimm hin mein Herz zum Pfand.

Friedrich Spee

„Heiliger Abend" – abgesagt

Das Weihnachtsfest ist wieder vorbei. – Das Christkindl hat einem Kind mehr, dem andern weniger und manchen Kindern gar nichts gebracht, weil letztere die Enkelkinder eines Hypochonders sind. Für einen hypochondrischen Vater (Hypochondrie heißt Überängstlichkeit!) oder eine solche Mutter ist es schwer, eine richtige Art Spielzeug zu finden, weil solche Eltern in jedem Spielzeug eine Gefahr für die Kinder befürchten. So ein Hypochondervater bin ich auch. Ich wollte meinen Enkelkindern Schi kaufen, aber die Kinder könnten damit stürzen und sich die Genicke brechen. – Gummibälle dagegen wären gefahrlos – oh, nein! Gummibälle kollern auf dem schmutzigen Boden umher; Bazillen, Bakterien, wie gesagt: sämtliche Krankheitserreger bleiben daran haften, wandern von den Kinderhänden zum Mund, und infektiöse Kinderkrankheiten, wie Scharlach, Masern – Altersschwäche u. dgl. sind die Folge – also: keine Gummibälle. Eine Kindereisenbahn? Nein – die geheizte Dampflokomotive könnte unter die Bettlade fahren, könnte umfallen, der Spiritus auslaufen, das Bett zu brennen anfangen, das Zimmer auch, die Kinder ebenso auch, und das Unglück wäre geschehen. – Bleisoldaten sind schon ganz ausgeschlossen, denn von Bleivergiftung hat man schon viel gehört. – Ein Steinbaukasten kommt schon gar nicht in Frage; wie leicht kommen die Kinder in Streit, werfen sich gegenseitig einen Stein an die Schläfe, man denke an David und den Riesen Goliath. – Ein Farbenkasten ist harmlos, aber beim Malen von grünen Bäumen verwendet man grüne Farben. Grün setzt Grünspan an, Grünspan ist Gift – also wieder eine Gefahr für die Kinder. – Geduldspiele sind für Kinder wiederum nicht zu empfehlen, da den Kindern schon in jungen Jahren die Geduld reißen kann, und ein nervöses Leiden ist unausbleiblich. – Papierdrachen zwingen die Kinder zum Spielen im Freien – frische Luft ist den Kindern gesund – aber wenn der Drache in der Luft fliegt, schauen die Kinder nach oben, laufen schließlich in ein daherrasendes Auto hinein und kommen unter die Räder. – Eine Flobertpistole – um Gottes Willen, Schusswaffen in Kinderhänden, davor wird immer gewarnt. – Trommeln und Trompeten sind an sich harmlos, aber da machen die Kinder wieder zu viel Lärm – die Hausinwohner beschweren sich – die Eltern bekommen mit diesen Streit – Gerichtsverhandlung, von wegen Beleidigung, bleibt nicht aus; also Trommeln und Trompeten auch nicht das Richtige. – Badehosen für den Sommer zum Baden? Die Kinder gehen zum Baden und könnten da ertrinken. Eine Zimmerschaukel? Strick reißt – Hals- und Beinbruch. – Kleine farbige Schusser aus Stein, zum Kugeln – sehr gefährlich. Die Kinder verschlucken oft aus Übermut solche Kugeln, der Arzt kuriert auf Gallensteine – und wer ist schuld? Die unvernünftigen Eltern. – Also gut, kein Spielzeug zur Bescherung, sondern nur ein Weihnachtsbaum mit brennenden Kerzen. Halt! Soeben fällt mir eine Zeitungsnotiz ein: Am Hl. Abend entstand in der Bahnhofstraße Nummer 13 ein Zimmerbrand. Eine zu nahe an der Fenstergardine brennende Kerze entzündete dieselbe, griff mit rasender Schnelligkeit um sich, und im Nu standen die Fenstervorhänge nebst Bris-bis in hellen Flammen. Die sofort herbeieilende Feuerwehr bekämpfte mit zwei Schlauchlagen die drohende Gefahr. Statt der Bescherung kam also die Feuerwehr ins Haus. Dann lieber auch keinen Weihnachtsbaum wegen Feuersgefahr. – Ich muss es selbst sagen: Der Hl. Abend war zwar mies, aber – gefahrlos.

Karl Valentin

Weihnachtsfest in den Yorkshire-Bergen

Einige Tage lang hatte ein dichter Nebel auf den Bergen gelegen, beständig tropfte es von den Bäumen herunter, und die Leute an der einen Seite des Tales hatten die Häuser ihrer Nachbarn an der andern gewiss seit acht Tagen nicht gesehen. Da änderte sich am Abend vor Weihnachten plötzlich der Wind; in einer halben Stunde war die ganze Gegend klar, die Sterne stiegen nach und nach am tiefblauen Himmel herauf; der eben noch ganz feuchte Boden wurde hart und fest, sodass die Arbeiter, welche aus der Stadt in das Dorf zurückkehrten, rascher als gewöhnlich darüber weg eilten. Die guten Hausfrauen hatten aber alles wohl besorgt. Kessel und Kannen waren schon vor mehreren Tagen der Reihe nach gescheuert und geputzt. Es blieb nichts mehr zu tun übrig, und still und froh konnten sie der Feierzeit entgegensehen. Die

Nacht über blieb es kalt, und am andern Morgen verkündeten die zarten Rosenlichter, welche dem Aufgang der Sonne vorherschwebten, schon früh einen schönen Tag. In all seinem Glanze brach er endlich heran, und erstaunt blickten die Landleute, welche durch das Tönen der Glocken von nah und fern eben vor die Türen gelockt waren, über das Tal hinweg nach den Tannenwäldern, die in Weiß und grünem Schmuck in den ersten Strahlen der Sonne zu leuchten begannen. Die Gegend war herrlich. Unten im Tale der kleine Fluss, von dem in England fast das ganze Jahr hindurch grünen Rasen umgeben. Höher hinauf Häuser mit Gärten, hinter denen sich mächtige Erlen erhoben, schlanke Stämme mit einer Krone weit auseinandergreifender Äste; über diesen die Tannen auf dem Rücken der Berge, die sich weit hinauszogen und nur in der Entfernung einer halben Meile mehr nach beiden Seiten liefen, als wollten sie die Aussicht nach einem weißen, zierlichen Schloss besser freihalten, das sich mit zwei schlanken Türmen lustig aus den bereiften, schimmernden Zweigen der dunkelgrünen Tannen erhob. Dort sah man auch durch ein gewaltiges Tor in einen Park hinein, in welchem sich eine Herde Damhirsche herumtummelte. Über dem Ganzen der Glanz der Morgensonne und das Blitzen von tausend bereiften Baumwipfeln.

Wir schreiten, das Tal entlang, dem Schloss zu, steigen den Hügel hinan bis zu dem Eingang des Parks, wenden uns dann aber rechts. Der Weg geht noch etwas durch die Waldung, bald aber haben wir den letzten der alten, knorrigen Eichbäume erreicht, und vor uns liegt auf ebenem Rasenfelde, von kleinen Gebäuden umgeben, ein ziemlich großes, von Steinen aufgeführtes zweistöckiges Haus, dessen Dach nach allen Seiten etwas hinüberhängt und vier gewaltige Schornsteine führt, welche sämtlich ihren hellblauen Rauch schnurgerade in die Luft emporsteigen lassen. Das Schloss mit dem Park gehört dem reichen Briten, dem Lord, das Haus auf grünem Rasenfelde dem Squire, der auf dem Grund und Boden seiner Väter frei das Haupt erhebt und, nicht weniger begütert als der vornehme Nachbar, von diesem noch zu seinen eigenen Feldern eine Anzahl Wälder und Wiesen übernahm, sodass er in den Tälern eine bunte Herde „schwerwandelnden Hornviehes" unterhält und seine Pferde hinuntertreiben kann bis ans Meer. Lassen wir den

Lord, der sich vielleicht auf dem Rhein, auf dem Ganges, auf dem Mittelmeer wiegt, samt seinem Damhirsch-Park in Ruhe und Frieden! Wir wollen zu dem alten Squire gehen, der in seinem eigenen Reiche zurückblieb und, treu den Sitten und Gebräuchen seiner Vorfahren, eben am Kamin sitzt und darüber nachdenkt, wie er seinen Kindern, seinen Leuten eine fröhliche Weihnachstsfeier bereiten soll. Er ist ein Mann von etwa fünfzig Jahren, groß, mit breiten Schultern, seine Wangen sind etwas von der Luft gerötet und gebräunt; schlicht hängen die schon grauen Haare an den Schläfen herunter; seine Augen sind blau und sehr gutmütig. In grünem Rock mit stählernen Knöpfen, mit Gamaschen von hellbrauner Farbe, die von den großen, plumpen Schuhen bis über die Knie hinaufgehen, und den Filzhut mit sehr kleinem Rande hinten auf dem Kopf, sitzt er in dem ungeheuren Lehnstuhl an der Feuerseite und hat die Hände vor dem rechten Bein ineinandergeschlungen. Vor ihm steht ein schlanker Junge von ungefähr zwanzig Jahren, in blauen Kleidern, die überall knapp anliegen und nur vor der Brust auseinanderfallen, um einen glänzendweißen Hemdkragen sehen zu lassen. Um den Hals ist etwas nachlässig ein schwarz und rot kariertes Tuch gewunden. Die Hände stecken halb in den Taschen. Der Junge hat ein keckes, unternehmendes Profil! Ehe wir weitergehen, werfen wir einen Blick in das große, altmodische Gemach, in dem sich der Squire mit seinem Sohne aufhält. Der Fußboden ist fast ganz mit einem dunkelgrünen Teppich bedeckt, vor den Türen und um den Kamin herum liegen Dachsfelle mit roter Einfassung. Die Wände sind mit braunen Eichenbohlen ausgelegt, und einander gegenüberstehend gewahrt man an beiden Seiten zwei riesige Schränke von geschnitzter Arbeit, wohl zweihundert Jahre alt. In den Fensternischen stehen kleine Sofas, in der Mitte des Zimmers aber ein ungemein großer Tisch, der mit Büchern und Papierrollen bedeckt ist. An der Hauptwand hängt ein dunkles Ölgemälde, von der Decke herunter ein Armleuchter. Das merkwürdigste im ganzen Gemache ist aber sicher der gewaltige Kamin, so groß, dass man fast einen ganzen Eichbaum mit einem Male darin verbrennen könnte. Er ist von einem marmornen Gesims umgeben, auf dem Krüge, Gläser und allerlei sonderbare Figuren stehen. Die Strahlen der Morgensonne wetteifern mit den Flammen des Kaminfeuers. – Und nun wieder zu dem Squire! Er nickt einige Male mit dem Kopfe, lacht dann laut auf und sagt zu seinem Sohne: „Bim, lieber Bim, sechs Flaschen Portwein, von dem alten Wein, Junge, wir müssen sie haben! Die gute Mary sagt, sie wären nur für Kranke, aber wer ist krank um Weihnachten? Ganz England ist munter und lustig, und", fügte er in ernstem Tone hinzu, „sollte etwas vorfallen, da wissen wir doch Rat zu schaffen! Das gute Kind hat nun einmal das Regiment über Küche und Keller, sie will die Flaschen nicht herausgeben; aber wir müssen den alten Portwein haben, was soll sonst aus unserer Bowle werden! Du bist in Manchester auf der Schule gewesen und hast allerlei gelernt, sieh, wie du es fertigbringst!" Da schwieg der alte Squire, und man sollte denken, dass Bim, als ein Jüngling von zwanzig Jahren, seine größte Freude über diesen Auftrag an den Tag gelegt hätte; aber Bim verzog keine Miene, die Hände blieben in den Taschen, keine Silbe kam über die roten Lippen, und das einzige Zeichen, dass er den alten, fröhlichen Vater verstanden hatte, war das Zudrücken des einen Auges und die Bewegung seiner Nase, wie junge Windhunde wohl tun, wenn sie zum ersten Mal mit aufs Feld genommen werden. Dann drehte sich Bim um und verließ das Zimmer. „Very well!", hörte man ihn in der Tür sagen. Der Squire erhob sich aus dem Lehnstuhl und schritt ans Fenster. Er sah zwei seiner Leute auf dem Hofe stehen. Er winkte ihnen, und bald traten die beiden herein. Sie mussten Bericht über ihre Sendung vom verflossenen Abend abstatten und taten es mit der größten Kürze. Um nach alter Sitte den Armen rings in der Gegend ein fröhliches Fest zu bereiten, hatte der Squire schon einige Tage vorher eine Masse Weißbrot backen und samt vielen Stücken des besten Ochsenfleisches und einigen Fässern Ale verteilen lassen. Heute sollte auch der Durstigste Kummer und Not vergessen und nach einem ganzen Jahre ununterbrochener Arbeiten und Entbehrungen sich mit dem süßen Komfort umgeben können, in dem sich die Bewohner Alt-Englands so glücklich fühlen. Als die beiden Leute des Squire mit ihrem Bericht fertig waren, eilte der eine in die Ställe und zog bald einen blankgeputzten Schimmel am Zaume heraus. Flink saß er ihm auf dem Rücken und trabte dann in das Tal hinunter, um ein paar Meilen weit in der Runde alle Bekannten und Verwandten des Squire daran zu erinnern, dass um vier Uhr die Festlichkeiten begännen.

Während dieses an der einen Seite des Hauses und des Hofes vorging, war die junge Mary in den übrigen Räumen nicht weniger tätig gewesen. Die Tochter des Squire lief schon früh in die Küche hinunter und musterte das Heer der Kessel und Schüsseln, welches rings die Gesimse der Kamine bedeckte, und wählte aus, was am heutigen Tage gebraucht werden sollte. Dann erteilte sie den Mägden die übrigen Befehle oder wünschte eigentlich nur, was sie wollte, denn nie vergaß das gute Kind, ein wohltönendes „If you please" an die Aufträge zu hängen, welche sie gab. Als alles in gehöriger Ordnung war, huschte sie wieder die Treppen hinauf, und wer unten stand, hätte sich über zwei allerliebste kleine Füße freuen müssen, die in schneeweißen Strümpfen und grünen Morgenschuhen nur im Fluge die einzelnen Stufen berührten. In ihrem stillen Schlafgemach trat die jugendliche Schöne vor den kleinen Spiegel und ließ den braunen Schildpattkamm durch die blonden Haare streichen, sodass bald an den Wangen die aufgelösten Locken in reicher Fülle hinunterfielen. Die helle Schürze mit tiefem Einschnitt, welche in Falten über das dunklere Kleid rauschte, ließ die schlanke Taille noch vorteilhaf-

ter erscheinen; und als nun endlich der einfache Anzug fertig und nett die liebe Gestalt umgab, da hätte mancher Junggeselle recht viel darum gegeben, ihr zu guter Letzt noch das samtne Tuch um den weißen Hals werfen zu dürfen, um dann erwartungsvoll in das blasse und nur von der winterlichen Luft etwas gerötete Antlitz zu blicken, ob und mit welch lieblichem Lächeln sie ihm für den kleinen Dienst danke. Wenige Augenblicke nachher versammelten sich die Familie und die ersten Untergebenen des Squire in dem großen Zimmer zum Frühstück. Es wurde totenstill im ganzen Hause, und bald hörte man den Hausvater einen altenglischen Episkopal-Gesang erheben, feierlich und ernst, wie er ihn seit dreißig Jahren gesungen, und mit helltönenden Stimmen sangen Kinder und Hausgenossen das „Amen".

Der Tag schritt voran. Bald war es vier Uhr nachmittags; da knarrten die beiden Flügel des großen Hoftores und öffneten sich weit zum Empfang der Gäste, die in mehreren Wagen den Hügel herankamen. Landlords und Landladies im besten Schmuck, bedächtige, dicke Pächter, junge Burschen und schüchterne Mädchen stiegen vor der Haustür ab. Dort stand schon der Squire mit seiner Tochter, um einem jeden seiner Freunde mit einem herzlichen „How do you do?" die Hand zu schütteln. Mary küsste die frischen Gesichter der freundlichen Nachbarinnen, und Bim, mit den Händen in der Tasche, blinzelte mit den Augen. Alle stiegen die Treppe hinauf und waren bald im Innern der Wohnung, wo in drei Zimmern gewaltig breite Tische mit etwa dreißig Gedecken aufgepflanzt standen. Den älteren Leuten war ungehinderter Eingang gestattet; alles junge Volk wurde aber nicht so schnell damit fertig, und namentlich zauderten die jungen Mädchen ungemein mit dem Eintreten; mit Kichern und Lachen verbargen sie die kleinen Köpfe in den Händen, eine suchte sich hinter der andern zu verstecken, und die niedlichen Füße wollten gar nicht von der Stelle. Über der Stubentür erblickten sie nämlich zu ihrem süßen Schrecken den verhängnisvollen grünen Weihnachtsstrauß, und auf der Schwelle vier bis fünf recht englische

Jungen, die mit der Zunge schnalzten, ihnen verwegene Blicke zuwarfen und von Zeit zu Zeit mit den Händen über die roten Lippen fuhren, als machten sie sich zu einem lieblichen Geschäft bereit. Nach altem Herkommen war es ihnen nämlich gestattet, jedes weibliche Wesen, das sie unter dem grünen Busch ertappten, mit einem nachdrücklichen Kuss zu bewillkommnen. Sie hätten aber heute ein ganzes Jahr warten können, ehe die geschmückten Schönen eingetreten wären. Erst als Bim dem bevorstehenden Glück freiwillig entsagte, die Schwelle verließ und den verschämten Mädchen in den Rücken fiel, um sie sanft vorwärts zu stoßen, da musste endlich wohl die vorderste ihrem Schicksal entgegengehen, und mit einem leichten Schrei des Entsetzens sprangen ihr die andern nach. Die Burschen schlossen aber jetzt schnell die Passage, und im Nu hatte ein jeder eine schlanke Taille gefasst, und piff, paff! brannte die süße Kanonade los, dass die alten Pächter und Squires sich vor Lachen die Seiten hielten. Endlich hatten alle die Schwelle überschritten, nur der schlaue Bim drückte sich in eine Ecke und blickte sehnsüchtig nach der Tür, aus der seine Schwester Mary heraustreten musste, um die

Tücher ihrer Freundinnen in Sicherheit zu bringen. Sie erschien, beide Hände voll, und eilte einem andern Zimmer zu. Fast wäre sie vorbeigesprungen, aber zur rechten Zeit noch umschlang sie der zärtliche Bruder, und während der eine Arm den Kopf der schönen Schwester nach dem seinigen bog, ließ er den andern an ihre Seiten hinabgleiten, und wie ein Blitz fuhr die lange Hand in die Tasche der seidenen Schürze und zog ein Bund Schlüssel daraus hervor. Die arme Mary, bei ihren rosigen Lippen so stürmisch angegriffen, hatte es gar nicht bemerkt, und ehe sie sich von ihrem Schrecken erholen konnte, war der Bruder Bim schon verschwunden, und
„Very well!" hörte man ihn über den Hausgang rufen: „Ich habe die Kellerschlüssel! Sechs Flaschen Portwein, vom alten, die sind sicher! Very well!"
Die Gäste erwarteten indes den Weihnachtsbaum; nicht einen Baum mit Lichtern wie in Deutschland, sondern den Stamm einer Eiche von mehreren Fuß Länge. Bald hörte man von dem Walde herüber den Klang von mehreren Instrumenten und viele Stimmen, die lustig ineinander jubelten. Jetzt zogen sie in das Gehöft ein, und aus den Fenstern ant-

worteten schon die jungen Leute mit jenem eigentümlichen Ruf, in dem das Wort „Jule" (Weihnachten) zu verschiedenen Malen widertönte. – Der Zug trat jetzt ins Zimmer ein. Voran ein phantastisch gekleideter Bursch, der das Ganze leitete. Ihm folgten vier Musikanten: Einer spielte Klarinette, der andere das Waldhorn, der dritte die Flöte, und ein letzter suchte aus einer alten Bratsche dumpfe Töne zu locken. Dann kamen junge Mädchen mit grünen Taxus- und Tannenzweigen in den Händen und hierauf einige Leute des Squire, welche auf zwei dicken Stöcken einen gewaltigen Eichenklotz, das untere Ende des Stammes, trugen. Dies war der „Jule cloq" (der Weihnachtsbaum). Den Schluss bildeten fünf bis sechs Jungen mit Tannenzweigen an den Hüten, die bald in die Melodie der Musikanten einstimmten, bald ihrer Freude in beliebigem Jubeln Luft machten. Der Weihnachtsklotz wurde nun in den Kamin geschoben, und die ganze Gesellschaft jauchzte laut auf, als die Flammen bald das alte Holz erfassten und prasselnd darüber emporschlugen.

Die Sonne war indes untergegangen. Auf den gedeckten Tischen begannen Krüge und Gläser zu schimmern: merkwürdige hochgehenkelte Gefäße, mit allerlei frat-

zenhaften Gesichtern geschmückt; weite, große Schüsseln, mit Lorbeerblättern umlegt; verschiedene Brote und Kuchen, in phantastische Formen gebacken, über denen sich freilich kein Wildschweinskopf, wie es eigentlich die Sitte will, sondern in schönster Abwechslung Beef, Gänsebraten und Pudding erhoben. Vor allem strahlten aber drei riesige Bowlen und verbreiteten rings einen süßen Duft. Auf jedem Tisch stand eine. Die zu den beiden Seiten enthielten altes, feines Ale, mit Zimt, Ingwer, Zucker und Rosinen gewürzt, die dritte, auf dem mittleren Tische, war unerschöpflich an altem Wein. Um die beiden ersten sammelten sich die Leute des Squire und einige Pächter, welche die Ale-Mischung allem andern vorzogen; die Weinbowle war für den Hausherrn und die genaueren Freunde bestimmt. Die Tafelrunde selbst nahm sich lustig genug aus. Bunt durcheinander sah man wohlbeleibte Pächter mit ihren gesunden, kräftigen Gattinnen, kecke, unternehmende Gesichter der jüngern Leute, verständige Squires-Köpfe und die schlauen Augen der im Rosshandel bewanderten Landlords; den eigentlichen Reiz verliehen aber dem Ganzen jene eigentümlichen Schönheiten, die den nebelhaften Charakter des Inselreiches in ihren Gesichtern widerschimmern lassen und daher nicht rot und frisch wie etwa deutsche Mädchen erscheinen, sondern mehr eine melancholische Färbung auf den Wangen tragen. Während man die Hände zum Mahle erhob, taten die vier Musikanten ihr Möglichstes, um das Ohr durch lustige Melodien zu ergötzen. Jetzt schwiegen sie, als wollten sie sich zu einem Hauptstück rüsten, und nicht lange währte es, da brauste das „Rule Britannia" durch die drei Gemächer, und begeistert stimmte jeder Mund in den Gesang ein. Die Pächter an den gewürzten Ale-Bowlen schienen namentlich ganz im rechten Zuge zu sein. Einer glühte schon seit einiger Zeit wie ein Nordlicht, und deutlich konnte man ihm ansehen, dass er etwas ganz Besonderes auf dem Herzen hatte. Bald fasste er das schwere Glas, räusperte sich mit unbändigen Grimassen und suchte vom Stuhle aufzuspringen. Aber gleich darauf war ihm schon alles wieder leid, und schwermütig sank das Haupt auf die Brust hinab. Erst als ihn der Squire mit deutlichem Winken ermunterte, nur alles zu sagen, was er für recht und am Orte hielte, konnte er es nicht länger in der Seele verschließen, und mit würdigem Tone begann er: „Here's health to inside of a loaf! Outside of a dale: a good beefsteak and a quart of ale!" Was in deutscher Sprache ungefähr so heißen würde, als wenn man jemandem nebst guter Gesundheit wünschte, er möge stets das Innere eines Brotes und stets das Äußere eines Gefängnisses sehen, auf dem Tisch aber ein gutes Beefsteak und ein Quart Ale. Nachdem dies einige Male mit großem Jubel von den übrigen Gästen wiederholt war, entfernten sich die Frauen und Töchter, um beim Schein des hellen Sternhimmels allerlei Tänzen und Spielen zuzuschauen, die auf dem freien Platz vor dem Walde aufgeführt wurden. Leider beschließt man indes das Fest jetzt nicht mehr mit jenen kräftigen Späßen wie vor fünfzig oder hundert Jahren, wo bei solchen Gelegenheiten jedes Mal der heilige Georg mit einem Drachen oder Türken zur allgemeinen Belustigung kämpfen musste; das Ganze beschränkt sich auf einige Tänze und die Abenteuer unter dem grünen Busch vor der Tür. Von der Erlaubnis, die mit diesem zusammenhängt, suchen denn freilich die jungen Burschen in jenen Tagen sehr zu profitieren, und leicht lässt es sich denken, wenn Wein, Gesang und ein schöner Nachthimmel die Seelen in einen süß-romantischen Zauber einwiegen, dass das erste Widerstreben allmählich verschwindet und zuletzt sich eine Lippe der andern gern zu raschem Kusse entgegenbiegt. Die Bekanntschaft, welche auf solche Weise angeknüpft wurde, spinnt sich dann auch wohl über die Feiertage hinaus fort, und nach Jahren sammelt ein lustiger Squire vielleicht seine jungen Freunde zu eben dem Fest, das ihm selbst seinerzeit den ersten Kuss der Geliebten brachte, die nun als Gattin neben ihm am Kamin thront.

Als die Frauen das Zimmer verlassen hatten, rückten die Männer näher mit den Stühlen zusammen, und nicht lange dauerte es, da brachte auch schon der lange Bim die sehnlich erwarteten sechs Flaschen Portwein herbei, und der Squire musste gestehen, dass er an seinem Sohne doch ein gutes Gewächs habe. Die Gäste wiegten sich jetzt behaglicher in den großen Lehnstühlen, die Gläser wurden aufs Neue gefüllt, und hatte man sie halb oder ganz ausgetrunken, da wurden sie auf das Gesims des Kamins gestellt. Manche ernste und heitere Geschichte aus den Yorkshire-Bergen wurde von den alten Squires und Pächtern erzählt.

So endete die Weihnachtsfeier in jenem altertümlichen Gehöft, das so reizend zwischen Berg und Wald auf grünem Rasenfelde liegt.

Mit herzlichem Händedruck nahmen die Gäste von ihrem Wirte Abschied. Der alte Squire stand wieder vor der Tür seines Hauses und begleitete einen jeden mit helltönendem „Farewell!" Bim nickte den jungen Freundinnen zu und steckte die Hände in die Taschen. Die schöne Mary ließ ihre blonden Locken im Abendwinde wehen und war ausnehmend schön! Fort aber rollten die Wagen mit ihren schlaftrunkenen Gästen. Von Zeit zu Zeit jubelte noch mal einer der heimziehenden Burschen; dann reckten sich die Damhirsche in dem nahen Park erschrocken in die Höhe. Bald wurde alles still. – Leb wohl, du alter Squire in der Grafschaft Yorkshire!

Georg Weerth

Die drei Spatzen

In einem leeren Haselstrauch
da sitzen drei Spatzen, Bauch an Bauch.

Der Erich rechts und links der Franz
und mitten drin der freche Hans.

Sie haben die Augen zu, ganz zu,
und obendrüber da schneit es, hu!

Sie rücken zusammen dicht an dicht.
So warm wie Hans hat's niemand nicht.

Sie hör'n alle drei ihrer Herzlein Gepoch.
Und wenn sie nicht weg sind, so sitzen sie noch.

Christian Morgenstern

Pfefferkuchen

ZUTATEN:

400 g Zucker
150 ml Sirup
150 ml Wasser
300 g Butter
1 Esslöffel Zimt
1 Esslöffel Ingwerpulver
1 Esslöffel Backpulver
ca. 600 g Mehl

ZUBEREITUNG:

1. Zucker, Sirup und Wasser vermischen und unter Rühren in einem Topf erhitzen, bis sich der Zucker gelöst hat.

2. Die Butter in der etwas abgekühlten Mischung zum Schmelzen bringen.

3. Mehl und Backpulver vermischen und zusammen mit den Gewürzen unterrühren. Etwas Mehl auf den Teig streuen und über Nacht kalt stellen.

4. Am nächsten Tag den Teig auf einer leicht bemehlten Arbeitsfläche dünn ausrollen und mit einer Plätzchenform vorsichtig Pfefferkuchen ausstechen.

5. Den Backofen auf 175°C vorheizen. Die Pfefferkuchen auf einem mit Backpapier ausgelegten Backblech verteilen und ca. 8–10 Minuten backen und dann auf einem Kuchengitter abkühlen lassen.

Bescheidene Frage

Sankt Nikolas, Sankt Nikolas,
bringst du der flinken Grete was?
Sie ist fast immer artig gewesen,
hat fleißig in ihrer Fibel gelesen,
kann das große H schon ganz richtig schreiben,
wird Ostern gewiss nicht sitzen bleiben;
Sankt Nikolas, Sankt Nikolas,
schenkst du ihr was?

Sankt Nikolas, Sankt Nikolas,
bringst du dem dicken Peterle was?
Er ist noch zu klein, um zur Schule zu gehn,
aber beten kann er schon wunderschön:
„Lieber Dott, mach alle Menßen dut,
nimm alle unter deinen Hut!"
Sankt Nikolas, Sankt Nikolas,
schenkst du ihm was?

Sankt Nikolas, Sankt Nikolas,
bringst du der kleinen Lene was?
Sie gehört der armen Flick-Marie
und hat schon lange ein schlimmes Knie;
zum Spielen kommt sie gar nicht mehr raus,
sieht immer so blass und ängstlich aus.
Sankt Nikolas, Sankt Nikolas,
schenkst du ihr was?

Sankt Nikolas, Sankt Nikolas,
ich wünsch mir selber auch noch was:
möcht in der Weihnacht mit dir gehn,
mir all die fröhlichen Kinder besehn,
wie sie tanzen und tuten, knabbern und schlucken
und am strahlenden Christbaum die Wunder angucken.
Sankt Nikolas, Sankt Nikolas,
schenkst du mir das?

Paula Dehmel

Schneeflöckchen, Weißröckchen

Schneeflöckchen, Weißröckchen,
wann kommst du geschneit?
Du wohnst in den Wolken,
dein Weg ist so weit.

Komm setz dich ans Fenster,
du lieblicher Stern,
malst Blumen und Blätter,
wir haben dich gern.

Schneeflöckchen, du deckst uns
die Blümelein zu,
dann schlafen sie sicher
in himmlischer Ruh'.

Schneeflöckchen, Weißröckchen,
komm zu uns ins Tal.
Dann bau'n wir den Schneemann
und werfen den Ball.

Es gibt keinen Neuschnee

Wenn du aufwärts gehst und dich hochaufatmend umsiehst, was du doch für ein Kerl bist, der solche Höhen erklimmen kann, du, ganz allein –: dann entdeckst du immer Spuren im Schnee. Es ist schon einer vor dir dagewesen.

Glaube an Gott. Verzweifle an ihm. Verwirf alle Philosophie. Lass dir vom Arzt einen Magenkrebs ansagen und wisse: Es sind nur noch vier Jahre, und dann ist es aus. Glaub an eine Frau. Verzweifle an ihr. Führe ein Leben mit zwei Frauen. Stürze dich in die Welt. Zieh dich von ihr zurück...

Und alle diese Lebensgefühle hat schon einer vor dir gehabt; so hat schon einer geglaubt, gezweifelt, gelacht, geweint und sich nachdenklich in der Nase gebohrt, genau so. Es ist immer schon einer dagewesen.

Das ändert nichts, ich weiß. Du erlebst es ja zum ersten Mal. Für dich ist es Neuschnee, der da liegt. Es ist aber keiner, und diese Entdeckung ist zuerst sehr schmerzlich. In Polen lebte einmal ein armer Jude, der hatte kein Geld, zu studieren, aber die Mathematik brannte ihm im Gehirn. Er las, was er bekommen konnte, die paar spärlichen Bücher, und er studierte und dachte, dachte für sich weiter. Und erfand eines Tages etwas, er entdeckte es, ein ganz neues System, und er fühlte: Ich habe etwas gefunden. Und als er seine kleine Stadt verließ und in die Welt hinauskam, da sah er neue Bücher, und das, was er für sich entdeckt hatte, das gab es bereits: Es war die Differentialrechnung. Und da starb er. Die Leute sagen: an der Schwindsucht. Aber er ist nicht an der Schwindsucht gestorben.

Am merkwürdigsten ist das in der Einsamkeit. Dass die Leute im Getümmel ihre Standard-Er-

lebnisse haben, das willst du ja gern glauben. Aber wenn man so allein ist wie du, wenn man so meditiert, so den Tod einkalkuliert, sich so zurückzieht und so versucht, nach vorn zu sehen –: dann, sollte man meinen, wäre man auf Höhen, die noch keines Menschen Fuß je betreten hat. Und immer sind da Spuren, und immer ist einer dagewesen, und immer ist einer noch höher geklettert als du es je gekonnt hast, noch viel höher.
Das darf dich nicht entmutigen. Klettere, steige, steige. Aber es gibt keine Spitze. Und es gibt keinen Neuschnee.

Kurt Tucholsky

Textnachweis

Mascha Kaléko: Advent. Kaléko, Mascha / Herausgegeben von Zoch-Westphal, Gisela: Die paar leuchtenden Jahre. © dtv Verlagsgesellschaft mbH & Co. KG, München 2003

Erich Kästner: Der Weihnachtsabend des Kellners
Aus: Erich Kästner: Der Weihnachtsabend des Kellners, aus: Erich Kästner, Interview mit dem Weihnachtsmann. Atrium Verlag, Zürich 2018. © Atrium Verlag, Zürich 1936 und Thomas Kästner

Germaine Huy: Wenn der Schneemann Plätzchen backt
© bei der Autorin

© Verlag Herder GmbH, Freiburg im Breisgau 2022
Alle Rechte vorbehalten
www.herder.de

Umschlaggestaltung: Verlag Herder
Umschlagmotiv: © Ann in the uk/shutterstock
Illustrationen im Innenteil: © SofiMix/Shutterstock
Satz: Arnold & Domnick, Leipzig

Herstellung: GGP Media GmbH, Pößneck
Printed in Germany

ISBN 978-3-451-39388-4